Campeones de la World Series: Los Minnesota Twins

El lanzador Frank Viola

El campocorto Carlos Correa

CAMPEONES DE LA WORLD SERIES

LOS MINNESOTA TWINS

JOE TISCHLER

CREATIVE SPORTS

CREATIVE EDUCATION/CREATIVE PAPERBACKS

Publicado por Creative Education y Creative Paperbacks
P.O. Box 227, Mankato, Minnesota 56002
Creative Education y Creative Paperbacks son marcas
editoriales de The Creative Company
www.thecreativecompany.us

Dirección de arte por Tom Morgan
Diseño y producción por Ciara Beitlich
Editado por Jill Kalz

Fotografías por Alamy (Cal Sport Media), Corbis (B Bennett, Hank
Walker), Getty (Bettmann, Stephen Dunn, Focus on Sport, Brace
Hemmelgarn, Bruce Kluckholm, Mitchell Layton, MLB Photos,
Underwood Archives, John Williamson), iStock (f11photo)

Copyright © 2024 Creative Education, Creative Paperbacks
Los derechos internacionales de autor reservado en todos los
países. Prohibida la reproducción total o parcial de este libro por
cualquier método sin el permiso escrito del editor.

Library of Congress Cataloging-in-Publication Data
Names: Tischler, Joe, author.
Title: Los Minnesota Twins / [by Joe Tischler].
Description: [Mankato, Minnesota] : [Creative Education and
    Creative Paperbacks], [2024] | Series: Creative sports. Campeones
    de la World Series | Includes index. | Audience: Ages 7-10 years
    | Audience: Grades 2-3 | Summary: "Elementary-level text and
    engaging sports photos highlight the Minnesota Twins' MLB World
    Series wins and losses, plus sensational players associated with
    the professional baseball team such as Joe Mauer"-- Provided by
    publisher.
Identifiers: LCCN 2023015530 (print) | LCCN 2023015531 (ebook) | ISBN
    9781640269491 (library binding) | ISBN 9781682774991 (paperback)
    | ISBN 9781640269736 (ebook)
Subjects: LCSH: Minnesota Twins (Baseball team)--History--
    Juvenile literature. | Washington Senators (Baseball team:
    1901-1960)--History--Juvenile literature. | Target Field
    (Minneapolis, Minn.)--History--Juvenile literature. | Hubert H.
    Humphrey Metrodome (Minneapolis, Minn.)--History--Juvenile
    literature. | World Series (Baseball)--History--Juvenile literature.
    | American League of Professional Baseball Clubs--Juvenile
    literature. | Major League Baseball (Organization)--History--
    Juvenile literature. | Baseball--Minnesota--Minneapolis--History-
    -20th century--Juvenile literature. | Baseball--Washington (D.C.)--
    History--20th century--Juvenile literature.
Classification: LCC GV875.M55 T5818 2024 (print) | LCC GV875.M55
    (ebook) | DDC 796.357/6409776579--dc23/eng/20230412

Impreso en China

El lanzador Bert Blyleven

CONTENIDO

El hogar de los Twins

El estado de Minnesota es bien conocido por sus numerosos lagos. ¡Tiene más de 10.000! Entre todos esos lagos se encuentra un **estadio** llamado Target Field. El equipo de béisbol de los Twins juega allí sus partidos locales.

Los Minnesota Twins son un equipo de béisbol de la Major League Baseball (MLB). Compiten en la División Central de la American League (AL). Sus **rivales** son los Chicago White Sox. Todos los equipos de la MLB quieren ganar la World Series y convertirse en campeones.

El primera base Harmon Killebrew

Nombrando a los Twins

El club empezó en Washington, D.C. Se llamaban los Senators. En 1961, el equipo se mudó a Minneapolis, Minnesota. La ciudad está al otro lado del Mississippi River de la Capital del estado de St. Paul. Juntas las ciudades se las conocen como las "Twin Cities" (las ciudades gemelas). El nuevo equipo se llamó los Twins.

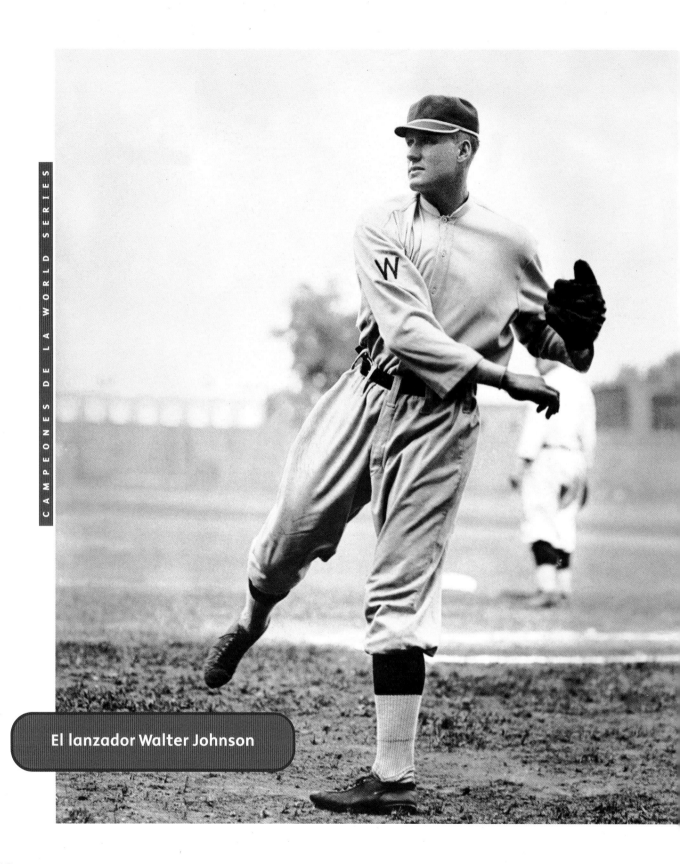

El lanzador Walter Johnson

Historia de los Twins

Los Senators empezaron a jugar en 1901. No eran muy buenos. ¡En 1904, perdieron 113 partidos! Finalmente lograron su primer récord ganador en 1912. El lanzador Walter Johnson ganó muchos partidos. Los Senators procedieron a ganar dos **banderines** de la American League y vencieron a los New York Giants en la World Series de 1924.

Los Senators alcanzaron solo una World Series más antes de mudarse en 1961. El equipo ganó casi de inmediato en Minnesota. El bateador Harmon Killebrew bateó más de 500 jonrones como un Twin. Llevó al equipo al banderín de la American League en 1965. Pero perdieron la World Series ante a Los Angeles Dodgers.

Los Twins regresaron a la World Series en 1987. El jardinero Kirby Puckett fue un gran bateador y defensor. Ganó seis premios Silver Slugger y Gold Glove. Los mejores bateadores y defensores los ganan. Con su ayuda, los Twins vencieron a los St.Louis Cardinals en siete partidos. ¡Fue su primer campeonato en Minnesota!

El jardinero Kirby Puckett

El lanzador Jack Morris

Los Twins regresaron a la World Series en 1991. Se enfrentaron a los Atlanta Braves. El lanzador Jack Morris lanzó 10 entradas **blanqueadas**. ¡Los Twins volvieron a ser campeones! Desde entonces, no han regresado a la World Series.

Otras estrellas de los Twins

Minnesota ha tenido muchas estrellas. Joe Mauer fue uno de los mejores bateadores de catcher de todos los tiempos. Lideró la AL en promedio de bateo tres veces. El segunda base Rod Carew lideró la liga en bateos durante siete temporadas como un Twin.

Johan Santana ganó dos Cy Young Awards en la década de 2000. Los mejores lanzadores los ganan. Frank Viola ganó el premio en 1988. Bert Blyleven ponchó a muchos bateadores.

El catcher Joe Mauer

El jardinero Byron Buxton

El jardinero Byron Buxton es uno de los mejores defensores del béisbol en la actualidad. También lo es el campocorto Carlos Correa. ¡Los aficionados de los Twins esperan que pronto puedan llevar otro título a Target Field!

Sobre los Twins

Comenzaron a jugar en: 1901

Liga/división: Liga Americana,
 División Central

Colores del equipo: azul marino y rojo

Estadio local: Target Field

CAMPEONATOS DE LA WORLD SERIES:

1924, 4 juegos a 3,
venciendo a los New York Giants

1987, 4 juegos a 3,
venciendo a los St. Louis Cardinals

1991, 4 juegos a 3,
venciendo a los Atlanta Braves

Sitio web de los Minnesota Twins:
 www.mlb.com/twins

Glosario

banderín: el campeonato de una liga; el equipo que gana un banderín juega en la World Series

. . . .

blanqueada: sin anotar

. . . .

estadio: un edificio con niveles de asientos para los espectadores

. . . .

rival: un equipo que juega muy duro contra otro equipo

. . . .

título: otra forma de decir campeonato

. . . .

El lanzador Johan Santana

Índice